漫画中国哲学

青少版

宋明理学

一根藤上八朵花

魏 雁 著　　王彦开 绘

商务印书馆国际有限公司
中国·北京

图书在版编目（CIP）数据

宋明理学：一根藤上八朵花 / 魏雁著；王彦开绘
. -- 北京：商务印书馆国际有限公司，2021.9
（漫画中国哲学）
ISBN 978-7-5176-0853-0

Ⅰ．①宋… Ⅱ．①魏… ②王… Ⅲ．①哲学史－中国
－通俗读物 Ⅳ．①B2-49

中国版本图书馆 CIP 数据核字（2021）第 145179 号

宋明理学：一根藤上八朵花
SONGMINGLIXUE : YIGEN TENG SHANG BA DUO HUA

著　　者　魏雁
绘　　者　王彦开
出版发行　商务印书馆国际有限公司
地　　址　北京市朝阳区吉庆里 14 号楼佳汇国际中心 A 座 12 层
邮　　编　100020
电　　话　010–65592876（编校部）
　　　　　010–65598498（市场营销部）
网　　址　www.cpi1993.com
印　　刷　北京中科印刷有限公司
开　　本　880mm × 1230mm　1/32
字　　数　98 千字
印　　张　6
版　　次　2021 年 9 月第 1 版第 1 次印刷
书　　号　ISBN 978-7-5176-0853-0
定　　价　42.00 元

自　序

中国当代著名哲学家冯友兰先生说："用中国一句老话说，哲学可以给人一个'安身立命之地'。就是说，哲学可以给人一种精神境界，人可以在其中'心安理得'地生活下去，他的生活可以是按部就班的和平，也可以是枪林弹雨的战斗。无论是在和风细雨之下，或是在惊涛骇浪之中，他都可以安然自若地生活下去。这就是他的'安身立命之地'。"

看到冯老说的这几句话，我突然明白了自己这几年努力的意义。其实这种感触一直埋在我的心里，但我却苦于没有能力总结出来，这可能就是大师与普通人的区别吧。

如今大师已去，可普通人的生活还在继续。普通人虽然普通，但我们也需要"安身立命之地"，尤其是寒窗苦读、升学压力巨大的孩子们。

为了这个不小的目标，我开始尝试用一种青春活泼、幽默风趣的语言来讲述哲学，希望更多人在青少年时期甚至人生的更早阶段就能明白哲学中蕴藏的奇妙道理，希望这些道理能陪伴他们、支撑他们以一种充满智慧、满心愉悦的状态生活在天地之间。

《漫画中国哲学》（青少版）这套书共 4 册，重点参考了冯友兰《中国哲学史》、司马迁《史记》、梁漱溟《中国文化的要义》等，引入正在准备高考的哥哥大哲和马上小升初的弟弟小哲两个青春活泼的漫画人物，从探寻中国哲学的源头出发，一路寻找。周公旦会教给他们什么？如果孔子和墨子遇上了，会大吵一架吗？一个舂米的小哥哥为啥能成为禅宗六祖？鼎鼎大名的宋明理学到底讲了些什么？清朝灭亡后，中国哲学走向何方……

为了更加直观易懂，我们特邀新生代插画师王彦开为这套书绘制了漫画。他的画真是有着说不出的灵秀之气，让人不时捧腹。

来来来，咱们手拉手，说走就走，一起开启这段奇异智慧的哲学之旅吧！

魏雁

目录 CONTENTS

好好讲道理的宋明理学 01

好好讲道理的宋明理学

大哲的意思是说，写文学史的人一般就按照唐诗、宋词、明清小说这样的结构来划分，可是到了哲学，却变成了隋唐佛学、宋明理学，文学与哲学的发展真的就如此不同步吗？

更何况，宋明之间还有个元朝，这样算起来，这段历史差不多有 700 年之久。难道 700 年的光阴流转中，只有理学这一种哲学思潮？还是说，宋、元、明时期，哲学的发展真的变得慢吞吞了？

好，第一节我们先来好好聊聊这个问题。

第一节　七百年宋元明，哲学的进步棒棒的

嗯，我们先接着唐朝的历史线说。

晚唐时，虽然黄巢起义被镇压，但是统治了近 300 年的唐朝，也在内忧外患中被摧毁殆（dài）尽。

公元907年，唐朝灭亡，历史进入到分崩离析的五代十国。

五代十国持续的时间很短，而且基本上就是一群人在那儿争争抢抢、打打杀杀，社会生产几乎被破坏殆尽，更别提什么哲学思想的发展了。

接下来就是北宋。

宋太祖赵匡胤（yìn）靠着陈桥兵变建立了宋朝，宋真宗又靠着澶（chán）渊之盟换来了 100 多年的平静发展期，这段时间真是北宋最好的时光。

且不说经济的发展、大都市的兴旺繁华，就说那些文化界的大腕儿吧，那可真是多啊——欧阳修、苏洵（xún）、苏轼、苏辙、黄庭坚、王安石、李清照等人，都在这 100 多年里齐放光芒。

这样一个大好的时代，哲学思想的发展应该也是欣欣向荣的吧？

没错！

北宋时期算卦特别准的讲卦第一人邵雍（yōng）对易学特别有研究。

比邵雍小 6 岁的周敦颐（yí），不仅以一篇《爱莲说》流传千古，还沿着韩愈、李翱（áo）的研究道路，继续融合儒释道的精神，成为宋明理学的奠基者。

比周敦颐小3岁的张载，其“为天地立心，为生民立命，为往圣继绝学，为万世开太平”的宏伟之音至今仍振聋发聩（kuì）。

周敦颐的学生、张载的两位表侄程颢（hào）、程颐更是厉害得很。

大哥程颢自创一派，后来经陆九渊、王阳明继承发扬，成为心学。

弟弟程颐自创一派，后来被朱熹发扬光大，成为程朱理学。

在北宋这段大好时光中，果然是文气运行、哲思飞扬啊！

大好光阴持续了 120 余年，然后就碰上了古今第一“文艺范儿”的杰出代表——宋徽宗。

跟宋徽宗大有关系的，有两件事。

一是发生在1126年的靖（jìng）康之乱。虽然靖康之乱发生在宋徽宗的儿子宋钦宗在位之时，但宋徽宗在金人南下之时仓促传位给儿子，这事确实办得不咋地！唉，结果是他和儿子一起被金人带去了北方。之后他的另一个儿子赵构在南逃的过程中自立为帝，定都杭州，这就是南宋，只剩半壁江山的南宋。

二是极为尊崇道教的他一度使道教成为国教，风头严重盖过了佛家和儒家。从唐朝开始的儒释道共存、互相融合的局面在他这里有过短暂改变。

到了南宋，哲学界真正的大咖就只有朱熹一个，而且还是一辈子都郁郁不得志的一个。

仔细想想，以南宋当时实际的社会、历史状况来看，哲人不得志恐怕也是必然的。

你想，南宋前后共计 152 年。这 152 年中，光复中原始终是插在所有子民心头的一根尖锐的刺：岳飞的“遥望中原，荒烟外，许多城郭”，陆游的“王师北定中原日，家祭无忘告乃翁”，辛弃疾的“了却君王天下事，赢得生前身后名。可怜白发生”……一句句，一首首，都是光复中原的梦想和呐喊。

战还是和？光复中原还是偏安一隅（yú）？这是南宋所有问题的核心。

在这种情况下，哲学似乎显得没那么重要了，毕竟哲学解决不了光复中原的问题。

光复中原，那还是得靠军事实力，得靠岳飞、辛弃疾。但是文学还是很重要的，因为人慌乱不定的心需要安慰、安抚，所以宋词、戏曲发展得相当快、相当好。

那么，元朝的哲学发展得如何呢？

元朝是蒙古族建立的，民族同化是首要问题，而且它存续的时间也不长，所以哲学的发展几乎难觅踪迹。

好吧，在近100年的元朝，哲学只能说借过、借过！

接下来就是明朝。

明朝的开国皇帝是下定决心要好好治理国家、好好过长久日子的。为这，朱元璋几乎是把自己给累死的。

明朝的大老板都这么勤奋，做下属的能不好好表现吗？

嗯，必须好好表现！

这一时期，积极入世的儒家再获发展，大家翻来朱熹的主张，嗯嗯嗯，对对对，重用重用！

程朱理学由此完成了从一门在野学说向国家意识形态层面的转变，明朝更是将程朱理学作为科举考试的主要内容呢！

明朝的王阳明也继承了程颢、程颐、陆九渊的研究成果，沿着儒释道融合的路一直走下去。

怪不得讲哲学时是将宋明放在一起的。

明白啦！

就这样，一直到清军入关，明朝灭亡。

嗯，从五代十国到明朝灭亡 700 余年间，受限于历史大环境，哲学发展的黄金期说白了也就是北宋那 100 多年，虽然说南宋初期出了朱熹，明朝中期出了王阳明，但总感觉有点凋零有没有？

是凋零还是量少质优一个顶仨？我们得和大哲小哲走近了好好看看，然后再好好想想。

在中国历史上，宋朝人懂生活、风趣雅致那是出了名的。

但是，除了各种好吃的好看的，可别忘了，咱们是来宋朝找哲学的哦！

什么哲学呢？理学！

什么理？天地道理！

宋朝人不仅好好学习了韩愈、李翱的儒家学说，还深入学习了道家、佛家学说。他们所处的时代很开放，他们的思维也很开阔，他们下定决心要好好讲清楚天地之间的大道理。

有一次，宋太祖问宰相赵普："天下何物最大？"赵普回答说："道理最大。"皇帝很高兴，嗯，说得对说得对，道理最大！

连宋朝的开国皇帝都认同"道理最大"，也就是说他承认权力不是最大，皇权之上，还有道理。

宋代理学家由此推演出一个"道理系统"。这个"道理系统"由周敦颐"倡其始"，程颢、程颐"衍其流"，张载"翼其派"，又由朱熹"推广之"，张栻（shì）"讲明之"。他们强调，天下只有道理是最大的，道理高于皇权，哪怕是一介匹夫，只要道理在他那一边，即便是万乘之尊的皇帝也应当信服。

天大地大，道理最大。

到底都是些什么道理呢，这么大？

哎哟，肯定不是吃饱了就不能再吃、有了这个玩具就不要再买那个玩具这样简单的道理。你想啊，都能让皇帝"屈服"的道理，肯定不是一般的道理！

嗯，提前打个预防针，等下学宋明理学可不要喊头疼哟！

第二节　被乡人用来吓孩子的邵先生

邵先生是谁？

就是鼎鼎有名的邵雍。

有一部电视剧叫作《包青天之侠骨神算》，重点说的就是邵雍的传奇故事。电视剧中的邵康节就是邵雍，演员的扮相那是相当帅！

是不是很帅？白衣飘飘、黑发飞扬，再配上眼睛里指数爆表的智慧之光！

电视剧中的人整天喊邵雍为邵康节，其实这是不对的。因为邵雍去世很多年后，宋哲宗才给了他这个谥（shì）号——康节。所以他在世之时，是不可能有人这样叫他的。

电视剧中的他帮助包拯对付南唐旧族的各种阴谋，各种风水八卦阵轮番上演，真的是神乎其技。历史上真实的邵雍果真有这么厉害吗？我们来聊聊他的故事。

嗯，邵雍一辈子有几件事得说一说——

第一是读万卷书。

怎么读的呢？冬天不生炉子，夏天不摇扇子，还有夜里不睡觉坐把椅子！

哎哟，还真不是小哲没出息，根据中国著名气候学家竺（zhú）可桢（zhēn）的研究，宋初可还在小冰河期哦，夏天不摇扇子可以理解，可是冬天不生炉子还不睡觉真是想想都冷得人直打哆嗦！

第二是行万里路。

读完万卷书，他就走出家门，四处游历，行完万里路。然后他觉得，嗯，可以了，天地之间的大道我已经大概知道了，现在可以开始写书了。

嗯？

只能说，果然高人的世界我们是不懂的……

第三是不做官。

这么有才的邵雍，又生活在那么珍惜人才的宋朝，皇帝几次下旨请他，可是呢，都被他婉拒了。

他其实很穷苦——对啊，光顾着读万卷书行万里路了，根本就没有时间抓生产嘛！但人家心情很怡然——贫富这种小事本来也不是他在乎的事吧？

后来宰相司马光等人筹资为他买了一处带园子的庭院，他很开心，取名为安乐窝，自己呢，就叫安乐先生。

更好玩的是，十里八乡的人都敬重他，希望他能偶然造访，有的人还按照安乐窝的样子，造好了房子、起好了名字专等他来。

安乐窝
行窝
行窝
行窝
皇帝巡视时住的地方叫行宫，邵先生的叫行窝。哈哈哈！
行窝是什么？

可是开始著书的邵雍很少出去走动。

嗯，邵先生写书看书，忙得很呢！

除了写书，农忙的时候，他就种花种草种粮食；农闲的时候呢，就跟朋友一起到附近有山有水的地方走一走，喝喝酒、吟吟诗、谈谈天、说说地。嗯，他有一首诗最能代表他在田野间恬淡愉悦的心情："一去二三里，烟村四五家。亭台六七座，八九十枝花。"

是不是很简单又很纯美？

当时的名人司马光都以邵雍为兄。他们二人都是品德高尚、智慧儒雅、名扬天下的大儒。乡邻教育孩子时经常会说："你做不好的事，恐怕司马先生、邵先生会知道的。"

这就是乡人用邵先生来吓孩子的由来啦！

就这样，邵先生的名气越来越大。但他始终温文尔雅、一派从容的样子。有人说他"高明英迈"，他也不说什么，吟诵一句"荡荡天门万古开，几人归去几人来"，自己进屋写书去了。

他就这样悠悠闲闲、优哉游哉地过了一辈子。67 岁那年，他生病了，病得很重，司马光、张载、程颢、程颐这些知己一直陪伴照顾着他，想要留住他，但他还是去了。

【邵雍的哲学思考】

邵雍著有《皇极经世书》《观物内外篇》以及《渔樵问对》等，每一本都是精华，都是一般人看不懂的深奥哲学。

嗯，感觉《渔樵问对》可能比较容易一点，我们来试着解读一下。

微信
鱼能生吃吗？
煮熟之后可以吃。
这么说必须用我的柴来煮了？
是的。
看来我的柴很有用嘛！
那你知道为什么柴能把鱼煮熟吗？
我就听，我不说话。
我感觉听都很费劲。
为什么？

在有大哲小哲参与的微信群里，对话继续：

复杂的对话还在继续……

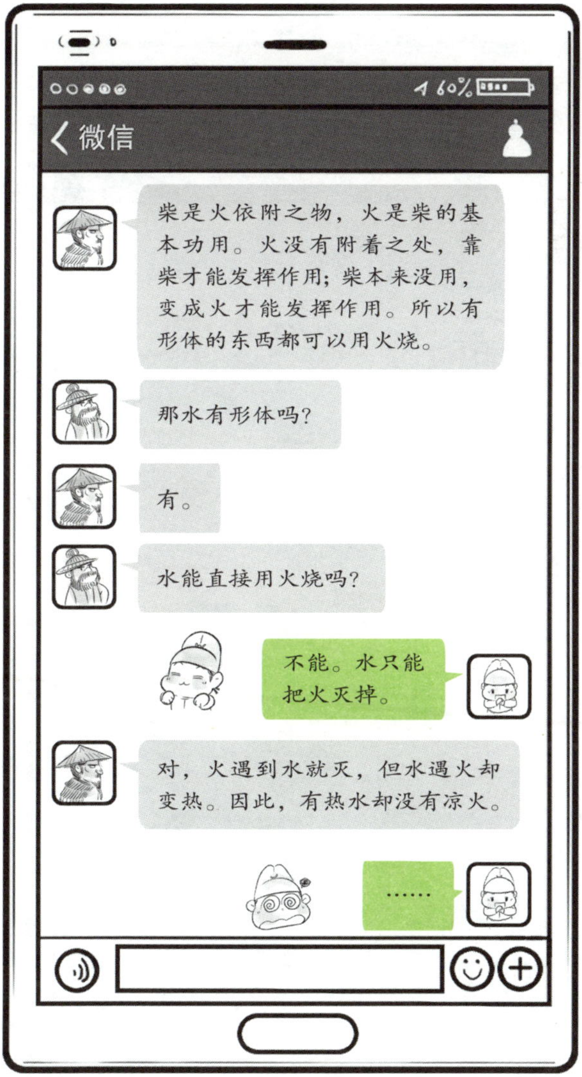
60%
微信
柴是火依附之物，火是柴的基本功用。火没有附着之处，靠柴才能发挥作用；柴本来没用，变成火才能发挥作用。所以有形体的东西都可以用火烧。
那水有形体吗？
有。
水能直接用火烧吗？
不能。水只能把火灭掉。
对，火遇到水就灭，但水遇火却变热。因此，有热水却没有凉火。
……

这对樵夫和渔夫真是太厉害了，上一个问题还没消化完，又进入了下一轮关于天地问题的问答……

天和地到底啥关系？到底谁依附于谁？哎呀！好深奥！

只有神仙和圣人才能参透的道理，看来邵雍几乎已经全部参透了啊！

这段好复杂，需要解释一下：人活在天地之间，会受到天地的影响。比如天下安定祥和，人就崇尚实际行动和侠肝义胆；天下乱了，人就听信并散播谣言，追逐私利。

高人邵雍心里整天想的就是这些事儿啊！

好吧，怪不得邵雍不去当官呢，真的当了官，哪有时间想这么复杂的问题啊！

不过大家说，一个人整天想这些问题，头会不会很疼？

哎哟，就别替高人担忧了，估计人家轻轻松松，如行云流水般就这么写出来了、悟明白了。

不仅参透天地自然，邵雍还关注历史古今。

邵雍将政治形态分为皇、帝、王、霸四种等级，他认为："用无为，则皇也。用恩信，则帝也。用公正，则王也。用智力，则霸也。霸以下则夷狄，夷狄而下，是禽兽也。"

啥意思呢？

无为而治的人，是皇。

用恩德、信义治理天下的人，是帝。

用公正治理天下的人，是王。

用智慧治理天下的人，是霸。

用智慧以下的方式，比如说战争武力、阴谋诡计等方法治理天下的人，就是夷狄，甚至是禽兽。

按他这个高标准，只有传说中的三皇五帝能符合要求。汉朝以后清朝之前，最好的治理模式也不过就是王治而已。

怪不得邵雍不愿意做官，原来他觉得宋朝的政治环境还不够好呢！

除了看似简单其实很难懂的《渔樵问对》，邵雍还有一本看起来就很难懂、其实真的很难懂的《皇极经世书》。在这本书里，他硬是凭着自己对宇宙的理解，绘制出了一份历史年表。

怎么绘制的呢？

看，这里和那里，那里和这里。
一月 二月 三月 四月 五月 六月 七月 八月 九月 十月 十一月 十二月
哥！我晕。
嗯！我也晕。

大概是这样的：

邵雍从六十四卦入手，认为一年十二个月，每个月都处在某个卦象的控制之下。全年共有十二主卦：农历一月为复卦，天气寒冷，阴气为重，阳气初生；二月为临卦，阳气多出一条；直到六月为乾卦，全阳无阴，此时阳气最盛；六月之后阴气又开始逐月增多；直至农历十二月为坤卦，全阴，此时阴气最盛。

他认为，这种阴阳消长、周而复始的规律扩展到全世界、全宇宙，也应该是这样的。

邵雍于是据此建立了自己的宇宙时间点。

嗯，具体是这个样子的：

他创立了计量时间的新单位，包括元、会、运、世。其中最大的计时单位为元，一元为 129600 年。

一元等于 12 会，一会是 10800 年。

一会等于 5 个正卦，一个正卦掌管 2160 年的运势。

一个正卦等于 6 个运卦，一个运卦又掌管 360 年的运势。

一个运卦等于 12 个世卦，一个世卦掌管 30 年的运势。

一个世卦 30 年。也就是说，30 年世界会有一个变化。难道民间所说的“三十年河东，三十年河西”就是从这里来的吗？

头大头大啊，可邵老师还在饶有兴趣地继续着……

提醒一下，邵雍算的卦可不是街头摆摊的算命先生算的那种卦，他算的，是天地的卦，是历史的卦，是宇宙的卦。

他还发现，从人类历史的发展来看，每隔 360 年就会有大变。360 年中还有 60 年的变化周期，即中变；60 年中还有 10 年的变化周期，即小变；最后才是每年的卦象变化。

是啊，人家都在儒释道中转圈圈讲道理，他呢，不去承继韩愈、李翱的儒家道统，也不去研究佛家、道家，他是平地另起一座高楼，建立了自己的宇宙世界观。

所以，邵雍虽然是北宋的第一位哲学家，却不是宋明理学的开创者，开创者是我们接着要讲的周敦颐。

第三节　经历悲惨的灵魂导师周敦颐

1005 年，宋与辽达成澶渊之盟，之后大宋进入到一段长达 100 多年的和平发展期，繁华富庶（shù），文人被重用，大的时代背景棒棒的！出生于 1017 年的周敦颐刚好就在这段时间成长，真的可以说是生逢其时。

遗憾的是，人生总是难得圆满。在繁盛的大时代之下，周敦颐却一直在经历着生死离别。他 12 岁时，姐姐和弟弟因病而亡；14 岁时，父亲去世，他和母亲不得不投靠舅舅；22 岁时，母亲和舅舅相继去世；42 岁时，第一个妻子去世。

为母亲和舅舅守丧 3 年后，周敦颐开始出来担任官职，为政一方。30 岁开始边工作边教书，程颢、程颐两兄弟就是在此时就读于周敦颐门下的。

47 岁，周敦颐与朋友游庐山，写下了名作《爱莲说》。来，复习一下：

水陆草木之花，可爱者甚蕃。晋陶渊明独爱菊。自李唐来，世人甚爱牡丹。予独爱莲之出淤泥而不染，濯清涟而不妖，中通外直，不蔓不枝，香远益清，亭亭净植，可远观而不可亵玩焉。

……

开创宋明理学的周敦颐原来有这么好的文采。

再来欣赏一首他的诗《暮春即事》：

双双瓦雀行书案，点点杨花入砚池。
闲坐小窗读周易，不知春去几多时。

55 岁，周敦颐因为工作表现良好被提拔为广南东路提点刑狱——相当于今天的省司法厅厅长。

他辛苦工作，认真判案，足迹曾经踏遍广东的山山水水。一年后，因为感染瘴疠（zhàng lì）辞官回庐山定居。庐山旁边有条小溪，他很喜欢，为其取名为“濂溪”，后世因此多称他为“濂溪先生”。57 岁，周敦颐去世。

后世人对周敦颐各种回忆赞赏，比如黄庭坚说他：“人品甚高，胸中洒落，如光风霁月。”

【周敦颐的主要思想】

宋朝的哲学沿着唐朝儒释道共存共融的大趋势继续前行，周敦颐是第一个接棒者，也是宋明理学的开山鼻祖。

周敦颐一方面从韩愈、李翱那里继承了唐朝儒家的道统思想，一方面又有创新。

什么创新呢？

他认为，要讲清楚儒家思想中的仁、诚、圣人等这些个事情，不仅要把人放在社会中去考察，还应该把人放入宇宙中去观察。什么样的宇宙呢？这就得从宇宙万物的本性讲起，从宇宙的诞生、阴阳、五行、四时讲起。

这就是他的第一个创新。

周敦颐在《太极图说》里面写道：

> 太极动而生阳，动极而静，静而生阴，静极复动。一动一静，互为其根，分阴分阳，两仪立焉。阳变阴合，而生水火木金土。五气顺布，四时行焉。……乾道成男，坤道成女。二气交感，化生万物。万物生生，而变化无穷焉。惟人也，得其秀而最灵。形既生矣，神发知矣。五性感动，而善恶分，万事出矣。

啥意思呢？

就是说万物产生的道理都在太极，太极在一动一静之间生出阴阳五行，然后阴阳五行化生万物，人也是这样来的。但“惟人也，得其秀而最灵”——只有人是万物中最为灵秀的。

作为万物之灵的人，其本性如何呢？

周敦颐认为人是“纯粹至善”的，也就是说，人的本性就是“诚”。

什么是“诚”呢?

“诚者圣人之本……纯粹至善者也。”人的本心是善的。

但世间万物有很多也是没有善恶之分的，就像禀(bǐng)着阴阳之气出生的草、木、牛、羊，本来就是没有善恶之分的。对啊，有好的树和坏的树吗?有好的牛羊和坏的牛羊吗?没有的。

所以说，天地间的万物如果都能按照自己的本性本能去生活、去行事就好了。

难道就没有恶人存在吗？也有的。

如果你的行为不合乎你的本能，不合乎你本有的纯粹的善，那就是恶。

给大家举个例子。

如果看见有个刚刚学会走路的小孩走到井边快要掉下去了，一般人都会生出恻（cè）隐之心，本能地想要抱住他。对，看见的那一刻就想要抱住他、保护他的本能之心，就是人的“诚”，就是纯粹至善。

但是如果你在行动前七想八想，比如说，这个孩子的爸爸上回不是还教训过我吗，我是不是可以不管呢？又或者说，如果我救了他，是不是会得到他父母回报的钱物？这样想了之后，不管是去行动或者不行动，都已经不再是出于本心本能的善了。

周敦颐说的善恶，你明白了没有？

嗯，怎么做一个善良的人我们知道了，那怎样才能成为一个圣人呢？

周敦颐在韩愈关于圣人的观点上又加入了新的内容，他说："圣人之道，仁义中正而已矣。""圣人定之以中正仁义，而主静，立人极焉。"

等下，圣人要行仁义之事，这个我们早知道了，仁者爱人嘛，孔子老师早就说过了。那什么是“中正”呢?

“中正”中的“中”其实就是不偏不倚、不上不下，刚好居于中间的那个“中”，就是“中和”的意思；“正”就是公正。周敦颐的意思是说，圣人就是爱人的人，就是能够秉行公正之道，适度巧妙地处理各种事情，使之处于一种平衡和谐状态的人。

“仁义”本是儒家传统的核心思想，而将“中正”加入儒家道统的核心地位，则是周敦颐的重要发明——这是他的第二个创新。

周敦颐还有没有第三个创新呢?

有!

周敦颐从宇宙万物之理出发，先是总结出每个人的本性是善的，然后又细化了圣人的标准。

他勤勤恳恳研究这些有没有什么最终的目标呢?

有!

他的最终目标就是建立一个“百姓太和，万物咸若”的和谐社会。

虽然说建立一个和谐社会的目标不是周敦颐的首创，因为《周易》里面就有："天地感而万物化生，圣人感人心而天下和平。"（天地相互交合感应而化生宇宙万物，圣人以至诚大德感应万民，从而使天下实现和平相处的和谐状态。）但是把《周易》的提法糅（róu）合到儒家思想之中并以此作为圣人努力的最终目标，这确实挺了不起的。

你看，周敦颐以宇宙、天地产生的道理为着眼点，最终还是以儒家服务社会的中心议题为落脚点。总结一句来说，他继承了儒家，又大大扩展了儒家。他开创了宋明理学，后来的人又将这个“理”不断演绎下去；他提出了建设和谐社会的远大目标，直到今天我们依然为此奋斗着……

我明白为什么说周老师是宋明理学的开创者了！
因为他讲了一个好大的道理，是不是？

第四节 大写的儒家：张载

张载，也就是张横渠，比周敦颐小 3 岁，他的一生过得完全就是一个儒家该有的样子。

年少丧父的他，艰难困苦、勤奋苦读，后来眼见着西夏侵扰大宋，决定投笔从戎（róng），参军收复失地。在报名点，鼎鼎大名的范仲淹看到他，见他谈吐不凡，便劝他回家做学问，说他一定能成大器。

回家后认真学习的他，38 岁赴考。那年欧阳修做主考官，张载和苏轼、苏辙兄弟一起顺利及第啦！及第后当官前，他曾在相国寺设课堂为大家讲解《周易》，讲学的时候，他的表侄程颢、程颐也跑来上课、讨论。

课堂上的张载发现程颢、程颐这两个小家伙比自己还厉害，于是就告诉大家说：易学之道，我不如二程，大家有什么不懂的，就去问他们吧！于是二程名声大噪。

哎哟，这学生也真是厉害啦！不过老师这么虚怀若谷、高风亮节，也真是没得说！老师和学生都值得我们给个赞！

张载后来还做过县令。他以儒家德政、爱民的思想来实践，还把那个县给治理成了一个模范县呢！

遗憾的是，后来王安石变法，他自己虽然没有参与，但因弟弟站出来反对，他怕受牵连，于是自觉辞官回到横渠县。他很喜欢这个安静的地方——这就是张横渠这个名字的由来啦！

虽然后来张载再次出山，但很快因病去世。唉，听说他去世时很孤单，只有一个外甥在身边。

我也想，但是历史是无法改变的。
张老师病得好重！快叫救护车来！

张载之所以能以一个儒家该有的样子活着，是因为他本来就深信儒家，并且在行动上也努力实践。他有一句著名的话大概可以概括他的思想："为天地立心，为生民立命，为往圣继绝学，为万世开太平。"

多么宏伟的理想，多么高远的见识，简直可以谱上曲作为儒家高亢的主题歌！

现在我们来好好解读一下这四句话。

第一句话：为天地立心。

一代儒宗马一浮先生在为浙江大学的学子们讲课时曾经说："昔张横渠先生有四句话，今教诸生立志，特为拈出，希望竖起脊梁，猛著精彩，依此立志，方能堂堂正正的做一个人。须知人人有此责任，人人有此力量，切莫自己诿卸，自己菲薄。此便是'仁以为己任'的榜样。"

那么什么是"为天地立心"？

一个人的心，其实就是天地的心。人心中的善，其实就是天地之间的正理。一个人能不断发扬心中的善，就是与天地合德，就是仁民爱物，就是为天地立心了。在四心（恻隐之心、羞恶之心、辞让之心和是非之心）之中，人首先要看重恻隐之心（即马先生所说的"已识乾坤大，犹怜草木青"）。

如果没有恻隐之心，就会麻木不仁，会对羞恶、辞让、是非等全都漫无感觉。“天地之大德曰生”，人心之全德曰仁，大家所要做的，就是要识得仁，为仁，喜欢仁，讨厌不仁，能够做到这样，就是为天地立心了。

第二句话：为生民立命。

圣人的吉凶是与民众联系在一起的，从来没有大家都在受苦、忧愁而圣人自己独自快乐的道理；也没有大家都处于危难之中而圣人独自安稳的道理。圣人应当“先天下之忧而忧，后天下之乐而乐”。因为万物一体，万物其实都是同一个生命。所以孔子也说，圣人就要使“老者安之，朋友信之，少者怀之”。

嗯，大家都是命运共同体，是生死相连的。这就是张载所说的为生民立命。

第三句话：为往圣继绝学。

这世间有一种理，不会因为尧很贤能就存在，也不会因为夏桀（jié）很残暴就不存在。它一直就在那里。区别只是，圣人体会到了，并且照此做了而已。

过往的圣人体会到了，广大学子也一定可以体会到。嗯，天下学子们要坚信，我们的心性和圣人是一样的，我们心中本来的道理和圣人也是一样的，关键是要拨开云雾见智慧，要擦去蒙在心上的灰尘，让心能像明镜一样照亮自己。不仅照亮自己，还要将自己体会到的这种天地大道传扬下去，这就是为往圣继绝学。

第四句话：为万世开太平。

一个“开”字，寄托着张载对后来者的期望，对德行天下的无比渴望。

为何如此渴望？

因为实在难得，也确实难以实现。

按照邵雍的观点，最好的治理模式是皇道，其次是帝道，然后是王道，再然后是霸道，霸道之下是夷狄，甚至是禽兽。

春秋战国以来，先是霸道，后来则全靠武力，几乎等同于夷狄。以武力服人，终究不是长久之计；以德服人，才能民心所向，长治久安。

张载说的太平之世，就是贵德而不贵武力的仁爱之世。在这个世界里，王可以备有军队，却不会使用。他治理国家靠的是德行，他收服人心靠的是仁爱。

张载知道这样的盛世太难实现，所以以无比的热忱（chén）、满心的渴望，为后人树立起这样一个非凡的标杆，希望天下有识之士都来努力实现它。

好，解释完了这著名的四句话，我们再来看看张载其他的思想主张吧。

其一，关学。

张载是陕西人，也曾在关中开馆教学，是“关学”第一人。所谓“关学”，就是以关中为基地而形成的儒学重要学派。它和程颢程颐发起的洛学、周敦颐的濂学、王安石的新学、朱熹的闽学齐名，共同构成了宋代儒学的主流。

明白了吧？宋代的儒学是一个总称，在这个大范畴中，又分了好多学派。

其二，气本论。这是张载的核心主张。

张载继续周敦颐关于太极两仪的研究。周敦颐认为太极动而生两仪，两仪就是一阴一阳。张载呢，继续发掘探究，认为太极就是“气”。

他认为气在阴阳之间循环不已。气的浮、升、动是阳性的；气的沉、降、静是阴性的。气聚的时候，便生成具体的物；气散的时候，此物便分崩离析直至消失。

他说，气聚时，我就好好活着，追随服侍宇宙；气散时，我就静静安息。

张载认为，一气之中，又含有阴阳二性，正因为有阴阳二性，所以气不能静止停留在太虚之中，而是在阴阳的作用之下，持续运动。正是在这种运动中，气聚成物，我们就能看见它；气散消失，重回太虚，我们就又看不见它了。

重回太虚的气再重复运动，形成新的物。如此类推，循环无穷。

确实有点像。能量守恒定律说的是，能量既不会凭空产生，也不会凭空消失，它只能从一种形式转化为另一种形式，或者从一个物体转移到另一个物体，在转化或转移的过程中其总量保持不变。

张载眼中的“气”似乎也是这样的。

那么问题来了，既然天地间的万物都是由气的聚散构成的，那么为什么有的气聚合成了人？有的聚合成了树？还有的聚合成了猪狗牛羊？这中间藏着什么道理吗？

有的，有一个叫作“理”的东西。

但是，张载没有就这点展开说，是后来的朱熹说明白了这个问题。

那这个问题就先存着，遇到朱熹的时候，我们再来讨论吧！

第五节 超级厉害的程哥程弟

程哥就是程颢，程弟呢，就是程颐。

他们为啥就这么厉害呢?

第一，因为他们真的太会挑了!

嗯，史上有名的好皇帝宋仁宗是1022年继位的。1032年，哥哥程颢出生；1033年，弟弟程颐出生——还真是会挑时间啊!

对，他们不仅会挑时间、挑皇帝，还会挑家庭呢！程家在当时那绝对是望族啊，他们的高祖甚至还做过宋真宗的老师；父亲呢，也是高官好好地做着、大院子开心地住着、一大堆藏书美美地读着。

好时代、好皇帝，再加上好家庭，哎哟喂，这“三好学生”不当都不行!

小傻瓜，恭喜你已经完美错过啦！
我也想做程家的孩子。
程府
程府

第二，因为他们俩所在的圈子，真的太厉害啦！

喏，张载是二程的表叔，周敦颐是二程的老师，邵雍和二程住得很近，得空就可以开心地聊聊天。

你说这是一个什么样的圈子啊！而且最幸福的是，这个圈子的人都生活在仁慈宽厚的皇帝宋仁宗统治时期。

丰富的物质生活，卓越的精神追求，真的绝了，羡慕……

就这样，二程小时候接受的高规格教育，包括老师周敦颐的智慧教导和表叔张载的肯定提拔，加上兄弟俩勤奋努力、善于思考的自我敦促，以及儒释道仍然在融合轨道前行的哲学界大环境……所有这一切加在一起，似乎都是为了成全这两位宋明理学的确立者。

为了更好地了解他们，先来说几件他们的趣事。

老弟，我怎么听这话这么别扭呢？
原来我成不了大哲学家，都是猪队友的原因！

【二程趣事】

嗯，先说哥哥的。

哥哥程颢勤奋读书，然后很自然地就学而优则仕，后来还当上了监察御史，这个官就相当于现在最高检察院的检察员，没事就督查一下百官的言行、规劝一下皇帝。活儿不累，工资高，还有威望。

别人当监察御史，规劝到皇帝这儿肯定就会绕个弯，虚晃一招。说白了，也就是配合皇帝演场戏，证明皇帝海纳百川、心胸广阔，很愿意听取谏（jiàn）言。可是程颢不，他觉得既然在其位就要谋其政。

那一年那一月的那一天，不知宋神宗（宋仁宗已经退位）做了什么让他不满意的事，光天化日之下他就认真数落起皇帝来，从日出说到日中，一直说个没完。皇帝想阻止吧，但人家说得还挺有道理、挺有逻辑的。没办法，宋神宗只有一个字——忍！

这时，站在旁边的太监实在看不下去了，轻声地提醒了一句：皇帝还没吃午饭呢！

此时宋神宗的肚子适时地咕噜噜叫了几声，程颢终于觉得不好意思了，就这，还是依依不舍、依依不舍地退了出来。

厉害了程大哥！您受委屈了，应该让您再多说会儿！

不过，大家千万不要因此觉得大哥程颢是一个唠唠叨叨的人，他在朋友眼中绝对是个温文尔雅、充满和粹之气的谦谦君子。据说和他交往十几年的朋友，都没有谁看到他跟别人生气红脸过。

不信您往下看。

宋神宗的时候，王安石搞改革，很多人都反对。程颢也反对。

有一次，大家开会，有人一说不同的意见，王安石就暴跳如雷。程颢却说："天下事非一家私议，愿平气以听！"王安石倒是很听他的，乖乖坐下来听。关键人家说得也在理不是吗？

虽然程颢性情温和，但是他反对变法的心始终没有变。然而，当时宋神宗支持变法。没办法，他只能慢慢淡出政治圈，回归学术圈了。

特别可惜的是，程颢 54 岁就去世了，死后人称“明道先生”。

再来说说弟弟程颐的趣事。

程颐也很厉害，24 岁时跟着父亲到开封，就因为一篇作文写得好，就从太学（中央的大学）的学生一跃而为太学的老师了！对，20 多岁就当了老师的他，主讲易学，底下坐的学生有的可都三四十岁了！

厉害吧？厉害人的世界我们是不懂的！

后来，程颐给还没有继位的赵煦（xù）（后来的宋哲宗）当老师——主要是宰相司马光推荐的，因为宋哲宗的前任宋神宗信任王安石，让他大胆改革，这就是著名的王安石变法。当然，变法确实也没有取得预期的效果，上下反对之声也挺多。所以司马光赶紧布局，希望下一任皇帝能改变想法，不要再搞什么改革。

程颐给未来的皇帝当老师，那倒是一点都不客气，首先就要求坐着讲课。

作为一个老师，程颐教导未来的皇帝要加强道德修养，要勤政爱民，要实行仁政。这些都没问题，老师职责所在嘛！但是不仅仅如此，他还利用讲课的时候各种借题发挥、议论朝政，而且还无所规避，想说啥说啥。

哎哟喂，这个事情未来的皇帝倒是能忍，可大臣们忍不了了（什么都是你程颐建议，还要我们大臣做什么？），于是各种小动作，各种建议，各种皇帝耳边风。结果嘛，程颐只得自己请辞了。

请辞后的程颐回到了自己做学问的世界，广招门徒，细研学问，撰写著作，和自己的哥哥一起开创了洛学——张载开创的是关学，洛学和关学都是讲儒学的不同流派。

程颐 75 岁病逝于洛阳伊川，人称“程伊川”。

令人伤感的是，程颐死了之后，朋友们都不敢去为他送葬。因为身边的权臣不喜欢他……

唉，不过对已经通晓了天地人生的他来说，送不送的，其实也没什么大关系。人生本就是一个了悟的过程，他来了，他悟了，他走了，就这样吧……再见！

嗯，真不想
说再见啊！
他们都是
很有趣的
人呢！

【二程的思想主张】

其实，就算我们完全不知道二程的思想，单从他们的人生故事应该也能猜出个七八分——对，他们都是坚定的儒家。

他们按照韩愈、李翱的研究成果，依着老师周敦颐、表叔张载的理论，继续前行。

张载说，天地万物因气聚而生、气散而亡。那么程颐想，既然万事万物都是因气而生，那为什么会各具特点呢？

因为“理”。

万物各个不同，是因为气的聚结，是依了不同的理。也就是说，气按照不同的理聚结成不同的物。

因此，万事万物，其所以存在，必须有一个理，这个理必居于一个物中。也就是说，如果有一物，则必有一理；但如有一理，则可能有，也可能还没有一物与之对应，为什么呢？这个气聚集的条件可能还不具备。

这是二程理学的第一步。

第二步，他们将理学与社会伦理秩序连接起来，用以实现儒家的核心目标。

他们说“父子君臣，天下之定理，无所逃于天地之间”。就是不管怎么样，臣子对君王的礼仪，儿子对父亲的礼仪，是天下人都必须要遵守的，是逃无可逃的。

他们认为，读书就是为了穷理，穷理就是为了致用。对呀，知书达礼嘛，读书就是为了明白各种各样的道理；明白道理就是为了应用，为了实践。这也就是学以致用的意思。

他们还说：要存天理灭人欲。

哎哟，可不要被这句话吓到了，其实他们的意思是说，作为天地之间最灵秀的人，本来就有着至善的本性，如果能依着这样的本性本能自然地生活着、行动着，就已经是最好的了，可不要往这天然的本性中加进后天的利欲熏心，不要有太多的杂念，也就是人欲。一句话，就是个人欲望不可以过度膨胀。

第三步，梳理出个人努力的目标。

张载说，要为往圣继绝学，就是要学习圣人的作为，做一个对社会有用的人。二程呢，继续梳理个人成为圣人的具体方法。

其一，成为圣人，必须要学会以理化情。

程颐认为，圣人与常人一样，都是有感情的。不同在于，圣人不会陷入感情的网罗，他看自己的事和看别人的事是一样的，并没有私心。比如说你看到悲伤的电影就伤心流泪，这是正常的感情，圣人也会。但过一会儿，你也就忘记了，为什么？因为那是别人的故事。凡人只能做到这一层。可是圣人把自己的故事也当成别人的故事了，所以，过一会儿连自己的事也都不伤心了。

这说的就是以理化情的道理吧？对，就是用道理来化解情感的困惑。情感，包括爱情、亲情、友情，是天下人天天都在面对的。处理得好，心平气和；处理得不好，鸡飞狗跳。所以正确看待情感，学会以理化情，是成为圣人的第一节必修课。

其二，成为圣人，要有高远淡然的人生追求。

在追求理想的人生状态方面，二程喜欢儒家“不义而富且贵，于我如浮云”的人生境界，赞赏“一箪食，一瓢饮，在陋巷，人不堪其忧，回也不改其乐”这样简单恬（tián）淡的人生状态。只有志存高远、看淡名利，才能像圣人一样，全心做事，真正为民。

作为坚定而纯粹的儒家，二程不仅沿着儒家的线索一路探寻，还接着周敦颐、张载的理学思想，继续讲解这个天地间最大的道理。

那么，他们一直是思想统一，一起行动的吗?

不是的，等思考到一定阶段，他们就分头行动啦!

【二程思想的差异】

第一，对“理”的理解不同。

二程思想的核心在一个“理”字，其差异也在对“理”的理解上。

程颢说：“万物皆有理，顺之则易，逆之则难，各循其理，何劳于己力哉？”这样看来，程颢眼中的“理”似乎更接近于事物发展的趋势，也就是一种自然而然、将要如此发生的规律。

程颐呢，则认为理是可以脱离物而存在的，理是一种形而上的永恒存在。就好比数学诞生之前，就已经有了数学的全部道理一样。理是形而上的，是抽象的，是道。万物皆有理，但是物本身没有能力识理，而人可以，所以人最可宝贵的就是能够识得此理。结论就是：理虽然是寂然不动的，但是人可以“感而遂通”。

是呀，如果没有万物，理也没有（对于万物来说）存在的必要。这个理，确实存在于万物之上，但是只要谈及万物，理就在其中。如果撇开万物，理甚至可以说是不存在的，因为理只在必须讨论到万物的时候才会出现。数学定理存在（在人类写出公式前就存在），但是它同样也是人类的一种“发明”，或者说总结。水往低处流是因为理，但是没有水，理也无法实现。所以理既在万物之上，又在万物之中，无法脱离万物，脱离万物便不成理。

理是单独存在的，它就像数学公式，只有聪明的人才能总结出来。
理就是物的天性，也是趋势，顺着它就容易成功，逆行则会很难。
哥哥说理存于万物之中，弟弟说理存于万物之上，都有道理啊！
到底应该支持谁呢？

第二，对人生努力的途径规划不同。

因为对理的理解不同，所以两人对努力途径的具体规划，也有不同。

程颢认为既然理存在于万物之中，那理也同样存在人心中，所以对于人来说呢，人生的最高境界就应该是发现本心，然后顺着本心去生活。

怎样才能达到这个目标呢？途径就是，靠内心的体悟和静养。

程颐认为既然理是单独存在的，是形而上的、只有人才能感应到的，那人就应该努力学习，格物致知，来发现各种各样的理。

理在物之上，
那人为什么要
努力研究这个
理呢？
总结规律，
指导实践。

看明白了没有？程颢偏向于向内求索，后来经陆九渊、王阳明继续发扬，成为心学一派；程颐强调格物致知、向外寻理，后来被朱熹发扬，成为程朱理学一派。

两个兄弟创建了两个学派，这在中外哲学史上，恐怕也是绝无仅有的。

应该致敬！

第六节 一分一秒都不能浪费：朱熹

这一路走来，我们也算是认识了很多哲学界的大咖了。可是，罢黜百家、独尊儒术的董仲舒没有成为董子；六祖慧能没有成为慧子；振臂高呼申明儒家道统的韩愈没有成为韩子；推算出世界年表、算卦天下第一的邵雍没有成为邵子；到了南宋的朱熹这里，他却被后人称为“朱子”。不仅如此，他还是唯一一个非孔子亲传弟子却享受着孔庙祭祀的人。

这到底是为什么呢？

好吧，一个巨大的问号在头顶上空徘徊……

我们带着这个问号去问问朱熹老先生吧。

【朱熹其人】

朱熹出生的时候，正是靖康之乱刚刚结束不久，之后北宋变成了南宋，统一的天下变成了半壁江山，一种沉痛的、屈辱的情绪蔓延在所有南宋人的心上。

虽然南宋偏安一隅，但其实也挺繁华的，如果不想起曾经的北宋，日子照样可以过得很快活，正所谓“山外青山楼外楼，西湖歌舞几时休？暖风熏得游人醉，直把杭州作汴州”。

然而，北宋就是一个梦，靖康之耻就是一根尖锐的刺，夜深人静时，不想念叨都不行。到底，北方那广大的土地，曾经是他们的家啊！

要不要打回去？有没有力量打回去？战还是和？和还是战？这是一直困扰着南宋的核心问题。

在这个乌云集结、心头纠结的大时代之下，朱熹一生郁郁不得志也是必然的。

朱熹字元晦，号晦庵，晚年自称晦翁。

反正就是，一晦到底。唉！

似乎从他出生开始，这个“晦”字就一直陪着他，陪着他度过了那辛苦漫长、为国为民为后世而未得善终的一生。

来了解一下这个晦了一生却始终不悔的人吧！

朱熹出生在福建，单就出生地来说，其实还算好了。如果出生在金人控制的北方，那就更苦了，就像一身肝胆的辛弃疾一样，在北方家乡受金人欺负，跑到南方还被称为“北人”，被朝廷各种猜忌。

朱熹14岁就没了父亲，得父亲老友照顾教育，他自己也发奋努力，19岁就中了进士。他真心实意打算在工作岗位上好好干一番大事，为南宋朝廷有朝一日打回中原做点贡献。

可现实是什么样呢？

现实是"暖风熏得游人醉，直把杭州作汴州"。

是啊，大多数宋朝子民在南方安下家来，他们在心里接受了更为狭小的天地，也学会了在这狭小的半壁江山之中怡然自得起来。

北宋的理学暂时忘记吧，更何况二程已经去世100多年了。南戏演起来，小曲儿唱起来，悠悠然另一个世外桃源！

假装忘记自己的家曾经在北方，假装忘记那没有逃出来的爹娘，假装忘记大宋的皇帝宋徽宗、宋钦宗还在金人手上！嗯，假装那一切从未发生过，现在这样过日子就好棒！

你说他们应该好好过日子呢，还是摩拳擦掌上战场呢？
可我看他们哪一个都不像是能上战场的。

生活在这样的大环境里，想要有一番作为的朱熹，他急啊！

思来想去，他发现救世的关键不是为政府做几件具体的事，而是改变所有人的思想，警醒人们的认知！

嗯？为啥想起了鲁迅弃医从文时说的那段话？

对，鲁迅弃医从文时说的那段话跟年轻的朱熹当年的想法真的太像了。鲁迅在日记中说："从那一回以后，我便觉得学医并非一件紧要事，凡是愚弱的国民，即使体格如何健全，如何茁壮，也只能做毫无意义的示众的材料和看客，病死多少是不必以为不幸的。所以，我们的第一要着，是在改变他们的精神。"

这话说得像不像？

果然厉害之人的心意都是相通的！

鲁迅
朱熹

就这样，朱熹开始了他的求学之路。

他来到李府，拜二程的三传弟子李侗（dòng）为师，开始认真研究二程的理学。

11 年后，他开始中和旧说，不仅对二程的学说，而且对自古以来包含儒家的学说，比如《大学》《中庸》《论语》《孟子》等，用大量的时间进行了一次系统的全面的梳理。

怎么梳理呢？

就是对每一句话重新进行思考，思考出新意就做好备注，然后全都集结在他的《四书集注》里。

这个工作量有多大，可想而知啦！

46 岁那一年，学有所成的朱熹和当时的名人陆九渊、陆九龄等人搞了一场轰轰烈烈的辩论赛，中心议题是“心就是理，还是说心是心、理是理，心是认识理的”这个极为玄妙的问题。好家伙，辩论了 10 天，愣是没分出胜负。

其实，除了学问做得好，朱熹的诗也写得不错。

大家最熟悉的就是那首《春日》：

胜日寻芳泗水滨，
无边光景一时新。
等闲识得东风面，
万紫千红总是春。

还有一首《忆秦娥》，也很有诗意，不像是我们印象里的朱先生写出来的：

梅花发。寒梢挂着瑶台月。瑶台月。和羹心事，履霜时节。

野桥流水声呜咽。行人立马空愁绝。空愁绝。为谁凝伫，为谁攀折。

是不是很有意境？

49 岁那一年，做学问做得正兴致高昂的他，收到朝廷通知，要他二次出山，救济因为大旱而出现的大批灾民。

嗯，朱熹放下书本，挑起肩上的担子，来到当地，认真兴修水利，抗灾救荒。在此期间，他还修复了当地的白鹿洞书院，自任洞主，边工作边招生讲课。

对啊，到底是文化人嘛，忘不了书本，忘不了儒家。

一分一秒对他来说都是如此珍贵，他又要做事，又要学习，又要育人，又要著书。

在当洞主期间，他还做了一件令世界刮目相看的事，就是制定了世界教育史上最早的教育规章制度《白鹿洞书院教规》，说明了教育的目的、训练的纲目以及学习的程序等。

比如他认为教育应该分为小学教育阶段（8—15岁）和大学教育阶段（15岁以后）。

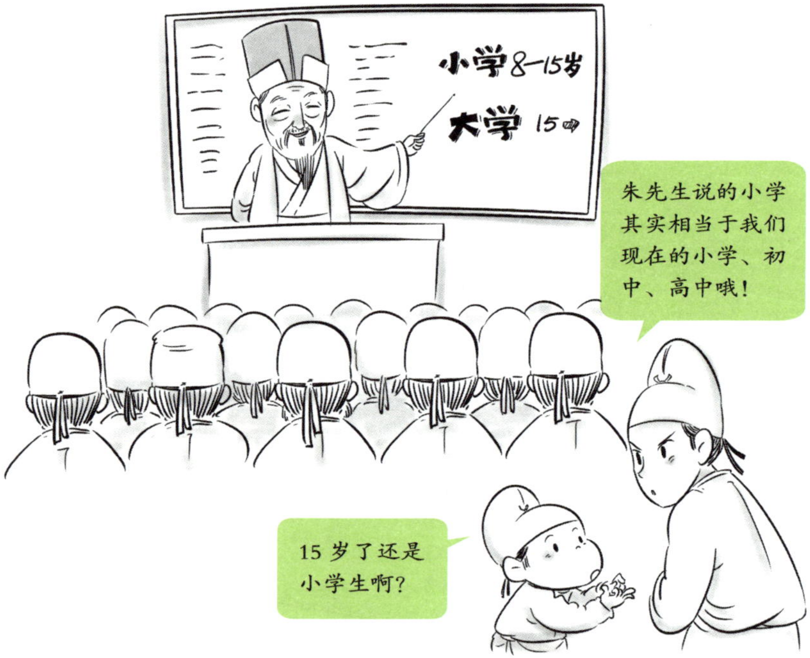

小学教育阶段呢，主要是培养一种良好的道德、行为习惯，靠老师教；大学教育阶段呢，是思考、提升、深化，主要靠自学以及与人辩论沟通。

这次抗灾救援任务圆满完成后，他又回到自己的家，继续做他的《四书集注》。

61 岁那一年，因为朝廷需要，他又再次出山。这期间他提出了一些有利于贫民的改革措施，但因为官僚地主反对，没有机会实行，于是再次回家。

65岁，因为湖南瑶族起义，他再次奉命紧急出山。到任后他采用怀柔政策，办学校、广教化、敦民风、督吏治，还不忘扩建岳麓（lù）书院并亲自讲课，岳麓书院自此成为全国四大书院之一。

不得不说，朱熹这个人还是挺能干的，在家做学问棒棒的，出山为国为民也是妥妥的！

因为这次在湖南工作得很出色，呼声很高，朱熹后来还跑去给皇帝上课。

他把给皇帝上课这件事看得很重，他是真的希望可以通过他的宣讲，影响到皇帝的重大决策。他为此付出了很多心力，也做了很多案头工作。

但政治从来都是很复杂的，就算是天下第一的皇帝，有时也没办法。更何况，他碰到的还是个软弱、纠结的小皇帝！

他反复地说：皇帝啊，您一定要读经穷理，一定要诚意、正心、修身、齐家、治国、平天下，还要限制君权滥用。

限制君权？

你想，他这样说，皇帝能喜欢吗？周围手握重权的大臣，比如韩侂胄（tuō zhòu）能任由他这样胡说吗？

不能！

仅仅 46 天，他这个老师就被罢免了。

可是，韩派当权者还不满意，还给他罗列出来十大罪状，甚至将朱学定为伪学。

这十大罪状非常令人难以接受，然而没想到的是，朱熹认罪了。

为什么会这样?

因为那一年，他已经67岁了，生命留给他的时间已经不多了，他必须和时间赛跑!

一分一秒对他来说都如此珍贵!

现在来看看朱熹的思想主张。

【朱熹主张之一：识理之前，理已存在】

不管你有没有认识到，理本来就存在。“未有天地之先，毕竟是先有此理。”这个也是程颐一直坚持的。

【朱熹主张之二：总天地万物之理，便是太极】

朱熹认为，太极是天地万物之理。在天地言，则天地中有太极；在万物言，则万物中各有太极。

像不像禅宗里面说的一花一世界，一叶一菩提？对，一朵花其实就是一个微型世界，一朵花从发芽、生长、开花到凋落，其实也包含了世间所有的道理。

【朱熹主张之三：性即是理】

朱熹认为，每一个事物生成时就有一个理存于其中，并由此理构成事物的本性，比如水柔软却能无处不去；火遇水则灭，水遇火变热，等等。嗯，事物的性质就是藏在事物中的道理。

【朱熹主张之四：气因阴阳相交而成物】

气和理本来都存在，只需一个契机，两者相遇，就成了一类物，这个契机是什么？就是阴阳相交。

“天地之间，有理有气。理也者，形而上之道也，生物之本也；气也者，形而下之器也，生物之具也。是以人物之生，必禀此理然后有性也，必禀此气然后有形。”嗯，意思是说，气与理因阴阳相交形成物。理决定此类物的特性，气决定此类物的形体。

好，那么问题来了——既然理决定了人区别于其他动植物的特性，气决定了人的形体，每个人都是两只眼睛一个鼻子双手双脚，那么，人里面为什么会有好人坏人、聪明人笨人呢？

【朱熹主张之五：关于“气禀”】

以人为例。阴阳相交，按照人的理形成人，这个理都是相同的，但是为什么人又各个不同呢？

因为人诞生时所禀受的气不同，“禀气之清者为圣为贤，禀气之浊者为愚为不肖”。意思就是说，出生时阴阳之气清且明的，大概率是个圣贤之人；出生时阴阳之气浑浊不堪的，大概率是个愚笨不成才的。这就是宋明理学中“气禀”的概念。

【朱熹主张之六：关于性与情】

性是合乎理的，是人的天性，也是人善良纯粹的本性；情是后天产生的，有善有恶。所谓“性者心之理，情者心之动”。善的本性控制住了恶的情，就可以做一个好人，反之则变成坏人。

【朱熹主张之七：人要有智慧才华】

什么是才呢？就是智慧。朱熹的意思是说，智慧是心的力量之源。

有了智慧才华，就懂得区分善恶，就可以控制恶的情绪。

那么才从哪儿来呢？

从格物致知上来，从读万卷书上来。

【朱熹主张之八：格物致知】

读书识理，心就有了力量，就能控制住恶，就可以成为一个善良又有智慧的人。

问题是：怎么识理呢？答案是：格物致知！

什么叫格物致知呢？就是要学习，要扩充知识，并且专心致志、心无旁骛（wù），万物之中都有理，一草一木都有理，每一种理都悟到了，你就差不多是圣人啦！

【朱熹主张之九：理学与政治】

识了很多理的人就可以帮助治理国家了！为啥呢？因为政治中也包含着理。

朱熹将理学推广到政治，也就是说，就治理国家而言，肯定也有一些最基本的原则，比如勤政爱民，比如避免霸权、不要挑起战争等，在这个理（原则）的基础上，不同政权的组织形式，则是灵活的。

【朱熹主张之十：理学与生活】

朱熹将理普及到生活中，比如桥啊塔啊宫殿啊等各种建筑，有一个力学原理在那里，任你表面花样如何繁复，那个支撑整栋建筑的力学原理始终不变。不管你知道不知道，它始终都在起作用。识得了这个理，你就是生活中的明白人。

朱熹理学之后续：

虽然朱熹死前遇到的都是各种打击，他的学说甚至被视为伪学，但是很快，他的理学就被视为正统的儒家，宋明之后到20世纪西方哲学传入中国之前，程朱理学一直是中国最有影响的哲学学派。

对，元朝就是以朱熹所注解的《四书集注》作为开科取士的标准，明清又沿用了元的做法。直到1905年，清政府废科举办学校，才取缔（dì）了这套做法。也就是说，从12世纪到20世纪初，800多年的漫长时间里，朱熹的思想都深深地主导着官方思潮哦！

朱熹因此被称为朱子，你服不服？

第七节 凌厉无前的陆九渊

嗯，前面我们说过，朱熹沿着程颐的主张，扩展了理学的路；那么南宋的陆九渊和明朝的王阳明呢，则是沿着程颢的思想，形成了心学的路，这就是人们常说的陆王心学。

心学是条什么路?

这个心学嘛，好像就更难理解了，但是说中国哲学，心学不可回避。

好，先说陆九渊。

【陆九渊其人】

陆九渊，字子静，因为他曾在象山书院讲学，所以人们多称他为象山先生，也称陆象山。

陆九渊比朱熹小9岁，也就是说，他们两人生活的时代背景几乎是一样的。嗯，就是那个“暖风熏得游人醉，直把杭州作汴州”的南宋；就是那个“遥望中原，荒烟外、许多城郭”的南宋。那时候的中原是插在所有南宋人心口的一根刺，按进去，痛；拔出来，难！

生活在此时的陆九渊跟他的前辈岳飞一样忧心如焚（fén）……

陆九渊出生于江西金溪县一个豪门大族之家。虽说他出生的时候，家里已经有些衰败，产业也所剩不多，但即使这样，陆门仍保持着宗族大家的风度，严格按照宗法伦理来治家；同时，每个家庭成员也充分参与进来。陆九渊就是在这样的家庭氛围中成长起来的。

最厉害的是，他还有5个一个比一个有才的哥哥，不信你瞧——大哥陆九思呢，积累多年治家经验写了一本《家问》，成了陆氏治家的准则；二哥陆九叙呢，很会做生意，以经营药铺为业，挣的钱就供全家人日常花销；三哥陆九皋（gāo）呢，中了进士，带着自己的弟弟一起讲学；四哥陆九韶（sháo）、五哥陆九龄的学问也很厉害，他们和陆九渊一起并称“三陆之学”。

只能感叹父母的基因太好，六个儿子一个比一个有出息啊！难道这就是父母口中常说的“别人家的孩子”吗？

34 岁的陆九渊进士及第。他带着匡复中原的雄心壮志，曾遍访天下勇士，跟大家一起认真商量怎么把中原给夺回来（此时岳飞已经去世 30 年）。

但战还是和？夺回中原、重见父老，还是直把杭州作汴州？这是朝廷都决议不了的大事，更何况一个刚刚进士及第的陆九渊。

没办法，他只好回家。远近学子都慕名而来找他拜师，他们家本来就有学堂，于是他就此开始收徒授课，时间长达 9 年。

1184年，45岁的陆九渊有了一次面见宋孝宗并向其详细奏报的机会。

宋孝宗是南宋的第二位皇帝。他上任以后，积极抗战，还恢复了岳飞的名誉。但可惜的是，还是被金人打败，不得已签订了屈辱的《隆兴和议》，收复中原之事暂时作罢。

陆九渊去面见皇帝的时候，距离《隆兴和议》已经过去20年了。眼看着抗战之事几乎已经没有人再提起，心急如焚的陆九渊准备利用这次面圣的机会好好谈谈这个事。

约定的面见如期到来了，陆九渊总共对皇帝提出了五点建议，从这五点建议大概可以看出他的政治理想，也可以看出他以天下大事为己任的儒家风范。

好，我洗耳恭听，你慢慢说。
我有五个建议，希望您能采纳。

第一，皇帝您一定要广求人才啊，这才是真正的兴邦大计！对了对了，不仅要寻得人才，还要信任人才，这样才能上下一心，一雪靖康之耻！

第二，为政的根本原则是要有求道之志。只有身体力行地遵行道，才能治世。

第三，要知人善任，要向齐桓（huán）公、汉高祖等学习，深谙（ān）用人之道，最后才能成就大业！

第四，坚定志向，然后循序渐进，等我们强大了，收复中原不是难事！

第五，皇帝就应该把握大方向，至于具体的事就应该让臣下去做，不要询问得过于详细，无须凡事都亲力亲为。这样只会导致大臣们的推诿（wěi）懈怠。

据说在这次面见中，孝宗虽然被他屡次追问得无言以对，但也忍不住为他的建议几次点赞。事后朱熹还特意找他要来上呈的文书，读后也称赞说：“得闻至论，慰沃良深。其规模宏大，而源流深远，岂腐儒鄙生所能窥测？”意思就是，您说的真好啊，您的建议和设想有深度有高度，这些想法岂是那些死读书的书呆子所能明白的？

嗯，这说明陆九渊的这次奏议影响还是很大的。奏议过后，他就升了官，从八品。那时他 40 多岁，正是好好做事的年纪。陆九渊也很热忱。儒家就是这样，你给他一片舞台，他就一定会竭心尽力发光发热。

他还给南宋王朝开出了治病的“四君子汤”：任贤、使能、赏功、罚罪。宋孝宗对此赞许有加。

可惜人红是非多，也因为宋孝宗这个人真的很难真正信任臣子——就像之前陆九渊指出的一样，很快就因小人从中作梗（gěng），陆九渊被调离临安。

有些失意的他回到家乡，重新做起了老师，这一次历时 5 年。

5 年后，他又出任荆门知军。应该说，在荆门这两年时间（也是他人生的最后两年），他真正践行了自己的思想，做了一个真正的儒家在当时的历史条件下可以做到的全部。

他都做了些什么呢?

他不仅修筑城墙，结束了荆门有治无城的历史，还取消沿途关卡、取消收费，让商人能够来荆门做生意，带活了荆门的经济发展。当然，作为老师，他没有忘记修建学校，教化人民。

他在荆门苦心经营，成绩卓著，或许是太累了，一年多以后，就卒于任上。

致敬陆九渊！

【陆九渊的心学】

一、陆九渊心学思想的来源。

对此，他自己的说法是“读孟子而自得之于心也”，也就是说，他的心学思想主要是受孟子思想的启发而来。

孟子说：“尽其心者，知其性也。知性则知天矣。”意思是，一个人要尽力去了解自己的内心，了解了内心就能知道自己的本性。知道自己的本性，也就知道天道了——看来了解自己的本性确实很重要！

孔子也有一句话叫作“天生德于予”，就是说上天降生了德行在“我”身上。这里说的德行其实就是人的本性。孔子这样说，每一个人都可以这样说，因为每一个人天生就有他自己的本性。

陆九渊继承了孔孟对于本性的认知，他说，人就是要“发明本心”——发现、明白自己的本心、本性。为什么要发现、明白自己的本心呢？因为这个本心里藏着天下所有的理。你认识了自己的本心，也就认识了天下所有的理，理都是相通的，所以“心即理”；所以，“宇宙便是吾心，吾心即是宇宙”。

二、陆九渊心学思想的应用。

既然明心见性是最重要、最核心的，那么教育首先就要从心灵的培养抓起。他要求学生在“心”上下功夫，重点在发现各自心中的良知良能。怎么发现呢？他就想办法教学生在先贤的文章里去体悟，去理解那种境界。

他追求的是心里的明白。他说“学之不明，人心之失其正”——如果没有学明白，人心就很难正。如果学明白了，那这些道理（即知识、感悟）就可以让人端正心神、涵养德行。

打个比方就是，学到的知识、懂得的道理就像是一个大的营养池，这个营养池能给人养分，能给人前进的无限动力。而这，正是陆九渊最基本的教学目的。

三、陆九渊心学思想的核心内容。

陆九渊认为，天理、人理、物理等世间所有的理，都只在人的心中。所以只有心是唯一实在的，只有心中的理是永恒不变的。

他说："千万世之前，有圣人出焉，同此心，同此理也。千万世之后，有圣人出焉，同此心，同此理也。"对啊，千万世之前的圣人感受到的那个理和千万世之后的圣人所感受到的那个理，其实都是一样的，都还是那个永恒的理，也就是我们经常说的"人同此心，心同此理"。

这个理本来天生就有，但是人在成长的过程中受到各种欲望的驱使、声色的诱惑，慢慢丢失了本心，就像镜子上蒙上了灰尘。我们要做的就是擦掉这个灰尘，让镜子明亮，秉持本心去做一个人，也就是我们常说的“做自己”。

如果你做到了这一步，那么恭喜你，连六经都不过是你的注脚而已。是呀，儒家的六经说来说去、教来教去、背来背去，无非就是想帮助你明白这个道理。但如果你已经明白了，就不用拘泥于古代的经书上是怎么讲、怎么解释的了。

嗯，这就是陆九渊说的“学苟知本，六经皆我注脚”。

大哲说的热闹是什么呢？

嗯，就是发生在朱熹和陆九渊之间那场著名的鹅湖之会。

【第一场辩论之鹅湖之会】

时间：1175 年 6 月 5 日。

地点：今江西上饶鹅湖书院。

辩手：46 岁的朱熹、37 岁的陆九渊。

主题：理学、心学到底谁更高明?

主持人：吕祖谦

哇，连主持人都有，可见这场辩论有多正规、多宏大了！

赶紧小板凳放下来，小身板挺起来，辩论赛正式开始啦！

我们试着来简单还原一下当初这场辩论会。

一、辩论会发生的历史背景。

当时的南宋王朝积弊已久，陆九渊曾将社会弊病总结为“六积”：风俗积坏，人才积衰，郡县积弊，事力积耗，民心积摇，和气积伤。这“六积”已经使国家上虚下竭，陷入深深的危机之中。朱熹和陆九渊都认为此时的南宋王朝就像是一个已经病入膏肓（huāng）的人，唯有儒家思想或许还可以救助一二。

为什么呢?

因为只有儒家思想是积极入世的，是舍我其谁的，是教大家勇于承担起社会责任、历史使命的。对，他们都认为治病救国的良药是儒家思想，但两人开出的药方却不同。

二、辩论会的缘起。

最初，这场辩论的主持人、学者吕祖谦是为了调和朱熹与陆九渊在认识方法上的分歧，所以积极组织召开了一次“朱陆学术讨论会”，目的是使双方的哲学观点“会归于一”。

具体情况是这样的：那年的春天，吕祖谦从浙江东阳出发，去福建建瓯（ōu）一带待了两个多月。这期间，他与朱熹相聚了 40 多天，还在朱熹的家中住了 10 多天，与朱熹一起研读周敦颐、二程、张载的书，并共同编成了一部《近思录》。

是不是很厉害？智慧人士碰到一起，思想的火花就噌噌直冒。

嗯，吕老师兴尽而归，朱老师呢，为了尽地主之谊，又特地表示要送吕老师回浙江。瞧瞧，古人这情谊真的是棒棒的！

就在两人途经江西上饶鹅湖寺的时候，吕老师就顺便邀请了陆九龄、陆九渊兄弟来此相会。哎呀，其实这都是吕老师事先安排好的。

虽然有点“谋划”的意思，但没关系，吕老师的初心是好的，他就是为了让持不同观点的双方当面碰撞一下，最好是形成一个统一的意见，也让天下学子有一个统一的学习标准嘛！

嗯，然后陆九龄和陆九渊两兄弟就来了。

朱熹要和陆家兄弟辩论，这样的文人雅事不能错过，当时跑来当啦啦队的有 20 多人。

好，一切齐备。请主角登场，开始辩论吧！

主持人做开场白：各位热心理学与心学的朋友，大家好！夏风习习，鹅湖美丽，今日我们有幸同时请到了当今理学代表朱熹先生、心学代表陆九龄和陆九渊两兄弟。他们双方长期致力于儒学研究，所谓同植纲常，同扶名教，同宗孔孟者也。但相同的宏旨之下，其观点却有不同，比如朱熹先生就主张先泛观博览而后归之简约，二陆兄弟呢，则主张先发明人之本心，而后博览群书。到底谁的观点更胜一筹，或者说双方通过今天的辩论会不会达成令人欣喜的一致意见呢？我们非常期待！

有请双方出场！掌声鼓励！

哥哥陆九龄首先发言：各位同仁好，朱先生好！在来鹅湖寺的路上，我曾得诗一首，不妨吟给大家听听：孩提知爱长知钦，古今相传只此心。大抵有基方筑室，未闻无址忽成岑。

陆九龄的意思就是说，小孩天生就知道爱人，长大后就知道敬重人，古往今来这种心性相传已久。这就好比有了地基才能盖房子呀，从来没听说过没有土夯（hāng）的地基就能忽然堆起一座小山。陆九龄眼中的地基其实就是人的心性，人明了了自己的心性，才能在此基础上建造更大的世界。

朱熹听到这里，望着主持人吕祖谦笑着说：他们两兄弟观点本来未尽一致，可如今，九龄已经上了九渊的船哦！

陆九渊接着发言说：我这里也有一首诗是和我五哥的：墟墓兴哀宗庙钦，斯人千古不磨心。涓流积至沧溟水，拳石崇成泰华岑。易简工夫终久大，支离事业竟浮沉。

陆九渊说到这里，朱熹已经变了脸色。原文是："元晦失色。"（朱熹字元晦）

但陆九渊后面还有两句：欲知自下升高处，真伪先须辨只今。

陆九渊的诗是什么意思呢？朱熹听完整首诗又会有什么样的反应呢？

陆九渊的意思是说，一般情况下，人看见墟墓便会有一种悲哀之感，看见宗庙则会兴起一片钦敬之心。这悲哀、钦敬的情感正是人类共有的千古未曾磨灭的心性啊！涓涓细流最后可成沧溟之水，拳拳之石也能垒成巍峨的泰山、华山。易简质朴直达本心的为学之道才是永恒的大事业，一事一物都要去格、去探究的道路是支离破碎的，这种学问也只能浮沉不定。要知道从低处向高处升达的真正通道在哪里——其实只在于明心见性的一刹那。

朱熹听完整首诗，很不高兴，原文是："元晦大不怿。"

就这样，不欢而散，第一次碰撞结束。

俗话说，理不辩不清，道不辩不明，要明就得继续辩。

第二轮辩论继续。

这一轮朱熹先发言。

朱熹：我们明明读的都是孔孟之书，讲的都是孔孟之学，所说的道理也都是孔孟的义理。我真不明白为何会如此不同。理分明本来就在那里啊，不管你的心有没有认识到它。理不会因为尧很贤能就存在，也不会因为商纣王很无道就不存在，理本来就是一种客观存在，不是吗？要认识这些理，你就得一事一物去探究、观察，也就是我所说的格物。对了，还要读书破万卷。这样一事一物、万事万物的理都探索明白了，然后再归纳总结，知道宇宙之道，我的意思难道说得不清楚吗？

陆九渊：朱先生说的格物我早有耳闻，但是这世间有多少物多少事啊，一件一件、一物一物去格，不知要到何年何月才能识得宇宙大道。所以说，先生您主张的这种认识世界的方法是支离破碎、千头万绪的，我总以为不足为取。倒不如直接在心上做文章，悟到自己的心、悟到自己的本性，也就可以融会贯通、一通百通，因为天下所有的理都是一样的。这样岂不快捷许多？

朱熹：等下，我们难道不是在讨论儒学的义理吗？你这样说，我倒觉得是禅宗顿悟的主张，不过在你这里换了一个名号而已。更何况，你教人顿悟心性，方法如此简易，到底有几个人能够体悟得到呢?

陆九渊：你说要读书破万卷才能识理，那我且问你，尧舜禹要读谁的书才能识得宇宙之理? 尧舜禹之前根本就没有书可读啊!

朱熹：这个……

陆九渊：要识本性、识理，并不像你说的那么困难，因为宇宙间自有实理，只要学者能够明白就行。学者需要明白的理，都是天下之正理、常理、公理、实理。所谓正理，就是儒家之理，而不是佛、道之理；所谓常理，就是“万世不变之理”；所谓公理，就是所有人与所有自然共有之理；所谓实理，就是封建伦理道德之理，比如君有君道，臣有臣道，父有父道，子有子道，各人都有各人的道。但只有圣人能够明白这所有的道，在实际生活中，为君尽君道，为臣尽臣道，为父尽父道，为子尽子道，难道不是这样吗?

朱熹：我也认为理是实的。这个实理就是人伦道德之理，它是天地万物的道理，是永恒存在的。正因为如此，才不会因为你没有认识它就不存在呀!

……

还要继续辩吗？感觉一方根本就无法说服另一方啊！

主持人出来发言了：各位各位，两位先生的辩论实在是精彩。其实依我说啊，两位同植纲常，同扶名教，同宗孔孟，只是关于理的存在形式产生了分歧。朱先生认为理是客观存在的；陆先生认为理存在于心，心即理。朱先生认为，由于理是客观存在的，必须通过格物才能致知，先泛观博览而后归之简约，也就是有了广阔的感性认识，最后升华到理性认识，感性到理性是一个质的飞跃；陆先生认为呢，由于理存在于心，所以必须要发明本心，才能心如明镜，专业先立其大而后博文，提倡的似乎是“顿悟”。

嗯，我本来组织这场辩论呢，是想调和两家的分歧然后合流，让天下学子有一个统一的学习标准，但是没想到结果是心学和理学的界限更清楚了，这个实在是我始料未及的。但既然已经辩论至此，彼此都不能说服对方，那也是无可奈何之事。以后有机会大家再聚会切磋吧！

散会！

不讨论不讨论，我们去找朱先生、陆先生要个签名吧！
我这小脑袋瓜这次是真的受不了了！

总之这次鹅湖之会的结果是不欢而散了，心学与理学的分界线更加明显，两派下属弟子之间的争论也更多了。

接下来两位主角还会继续辩论吗？

会！

这第二次辩论就发生在6年之后。

【第二场辩论之南康之会】

时间：1181 年 2 月。

地点：白鹿洞书院。

辩手：52 岁的朱熹、43 岁的陆九渊。

主题：一场由君子喻以义、小人喻以利引发的深度辩论

这次的辩论会有点特殊，起因是那段时间朱熹在南康做官，同时任白鹿洞书院院长，他写信邀请陆九渊前往书院为弟子们讲解《论语》。嗯，陆九渊就讲了《论语》中的“君子喻以义，小人喻以利”一章。

陆九渊的大概意思是，这句话表面上是在说义和利的问题，其实本质是在说心志——人的心志趋于利则行为就趋于利，人的心志趋于义则行为便趋于义。他批评了当时的读书人，认为他们都是为了应付科举考试而读书；而科举考试能否得高分，一是看作文技巧，二是看能否取悦考官。这种以逐利为目的的读书行为一点都不可取，也根本不是一个堂堂正正的读书人应该追求的。

他认为科举制度这个标杆有问题。应该鼓励学子们在义利之辨中选择义而不是利，也就是说，得高分的作文应该是深具义理、讲明白世间大道的好文章。只有这样，才能鼓励学子们以体悟大道为目标，以圣贤为志向，这才是正学，是学习的正解。

他当然也知道科举考试很难改变评分标准，于是严正批判当时的科举制度，说它根本就是利欲之途——对，不是治国为民的正途，而是追逐利益、实现个人欲望的歧途。

凌厉无前的陆九渊在课堂上侃（kǎn）侃而谈，台下的听众都十分感动，甚至有流出眼泪的。在场的朱熹也深受感动并表示自己没有想到这一点，他一定会虚心接受。

朱熹后来也说，科举制度确实害人不浅，但还废它不得，最好是加以修正，继续为国家选拔人才。

第二次辩论似乎没有想象的激烈。

陆九渊讲完课就回家了。两人之间再起波澜要到1188年，嗯，也就是7年之后。

【第三场辩论之太极无极之辩】

时间：1188 年。

方式：书信往来。

辩手：59 岁的朱熹、50 岁的陆九渊。

主题：一场由周敦颐的《太极图说》引发的讨论

在这之前，陆九渊的哥哥陆九韶在研读周敦颐的著作时，怀疑《太极图说》不是周敦颐所作，或者是周敦颐思想尚未成型时所作，于是就太极无极的问题向朱熹写信请教。通信两次后，陆九韶一方不愿意再辩，而陆九渊接过接力棒，继续辩论。

朱熹不怕啊，他觉得这可是自己的专业啊，他早就已经非常确定：理就是事物的终极标准，总天地万物之理，便是太极。在天地言，则天地中有太极；在万物言，则万物中各有太极。对了，太极也叫无极。

这下陆九渊就不满意了。在他看来，在道之外，再讲什么无极太极，纯属多余，不仅无益，反而有害。而且，无极的说法最先是老子提出的，我们不是在谈论儒家问题吗？干吗又借鉴道家的说法？

朱熹回信说：太极就是宇宙自然之理嘛，是理的总汇。

陆九渊回信说：理是人生伦理，是实实在在的日用之理。理不是形而上的，理是真真实实的心理体验。

总之，两人就这个问题前前后后通信长达两年，可见对于这场辩论的重视。

为什么这么重视呢？

因为对朱熹来说，无极、太极是朱子哲学本体论的基础，动摇不得。所以，无极太极之辩，对他来说，是捍卫自己的学术生命；对陆九渊来说，无极太极之辩是个是非之争，是个思想路线之争。无极太极之辩的实质，是“易简”与“支离”之争，他也必须赢。

都想赢，都必须赢，那谁输呢？

反正通信的最后结果是朱熹挂起了“免战牌”。他的意思是说，也不必非要统一才行，我们各自有自己的想法也是可以的。

笔者认为，朱熹的思想结构是一种宝塔式的，就是一事一物地探求，最后总结出规律、大道；陆九渊的思想结构像一个十字路口，站在十字路口，是可以四通八达的。太极无极这场辩论，如果陆九渊败下阵来，他的心学大厦就失去了理论基础；如果朱熹败下阵来，无极不存，也就等于推倒了他所有探求来的理所存放的地方，也就是说，他的理论大厦也同样会摇摇欲坠。

既然谁都不能输，那结果就是谁也没有赢。是啊，这场辩论可能早在发生之前就已经决定了，这必将是一个既极为激烈，又不会有任何结果的论辩。

只好就这样结束吧……

到底是循序渐进好呢，还是一通百通好呢？
朱熹

读了陆九渊的心学，我们来思考两个问题：

第一，陆九渊的心学到底是不是禅学呢？

陆九渊强调明心见性、刹那的见心见理，朱熹也说他不过是把禅宗的顿悟换了个说法，那心学到底是不是禅学呢？

笔者认为不是的。从陆九渊的人生经历可以看出，他是一个彻头彻尾的儒家。他年轻的时候到处联络勇士，要收复中原；在荆门做官时专心治理，为民办实事。这些难道是一个禅宗人士会做的吗？

不会的。

所以他是个儒家，是个积极入世的儒家，他的思想也必定是儒家思想。

他自己也明确说过：“儒者虽至于无声无臭，无方无体，皆主于经世。释氏虽尽未来际普度之，皆主于出世。”意思是，儒家讲人生、讲人道、讲人事，都是为了经世；佛家讲生死、讲轮回、讲顿悟，都是为了逃避人生的苦难，所以儒家的道德修养即使达到无声、无臭、无方、无体的境地，也绝不会与佛教的虚无本体相混同。

你瞧，一个入世，一个出世，怎么可能一样嘛！

第二，陆九渊当时辩论表现得那么厉害，可是后来怎么就寂寂无闻了，而与他辩论的朱子的思想体系为何一直受到重用呢?

大家还记得吗，陆九渊批判科举制度，言辞犀利；而朱熹认为科举制度略加修正，还是可以用来为国家选拔人才的——这两种对科举制度的态度在很大程度上会影响统治者对他们学说的判断，陆九渊不受统治者喜欢也是可以想见的。

再者，陆九渊说的心学、顿悟、一通百通，可能真的没有那么多学子能够迅速理解；更何况他去世之后，他的学生也没有特别热心去宣传他的思想。而朱熹的门生却一直在做工作。唉，以往在论战中从未输过的陆九渊却最终输给了时间……

历史有时真是让人备感唏嘘。

关于朱熹和陆九渊，还有最后一个问题：他们之间真的水火不容吗?

其实，朱熹晚年曾在一定程度上肯定过陆九渊“发明本心”的“日用工夫”。他有一首诗：“川原红绿一时新，暮雨朝晴更可人。书册埋头何日了？不如抛却去寻春。”这首诗传到陆九渊耳边，他很开心，说：“元晦至此有觉矣，是可喜也。”但也可能这首诗不过是朱熹做学问累了之后的一种极简情绪，不代表他接受了对方的观点。

但确实有一封信足以说明这个问题。朱熹在《与陆子静书》中曾经这样说："尔来日用工夫颇觉有力，无复向来支离之病，甚恨未得从容面论，未知异时相见，尚复有异同否耳？"你看，朱熹还说不知道来日相见，会不会有可能达成一致呢！

关于这一点，清代史学家朱轼曾经说过这样一段话："朱陆之异同，五百年来，儒者以为口实，然考鹅湖之争，朱子年四十六，而陆子乃三十七耳，其未即为终身定论也……又恶知不卒于合耶？"就是说，如果他们的生命再长一些，讨论得再深入一些，谁知道会不会最后终于趋同呢？

《马一浮先生语录类编》中有一段解释朱陆学问渊源的文字，倒是很有意思，翻译如下：

朱熹开始以延平为老师，延平就教朱熹如何去观察别人将要产生喜怒哀乐这些情绪之前的特征。这个延平老师呢，是跟随罗豫章学习的，罗豫章跟杨龟山学习过，而杨龟山的学问事实上与程颐的思想是很接近的，都是重在涵养。

话说朱熹虽然当时在延平老师这里学习，但学问长进却不是很大。等到他见了南轩老师，他就改变了研究方向。南轩老师呢，是胡五峰的弟子，胡五峰是文定老师的弟子，文定老师是上蔡先生的弟子，上蔡先生是程颢的弟子。

哎哟，这个圈转得好大，差点迷了路。原来朱熹和陆九渊远的都是学孔孟，近的都是学二程啊！

弄清楚了这些，你猜他们如果能再活 50 年，思想会不会真的趋同，然后爽朗一笑，握手言和?

时不待人，我们边走边补充吧！下一站——明朝。
这一节好难啊，我现在最需要的是补充能量。

第八节 知行合一王阳明

【王阳明其人】

王阳明原名王守仁，因为他在贵阳栖霞山上的山洞里悟出“心即是理”这一心学思想的核心要义，标志着阳明心学的诞生，所以大家都称呼他为阳明先生。

王阳明出生于1472年，浙江绍兴府人。那时，正是明朝第八位皇帝明宪宗在做老大。明宪宗这个人啊，刚开始是很可以的，励精图治，勤勤恳恳，一度使明朝恢复了盛世气象，重现“仁宣之治”。但是后半期啊，他就有点不务正业了，又是宠溺后宫，又是重用宦官，结果奸佞（nìng）当道，朝政一天天腐败下去。

总的来说，王阳明出生的大环境不算很好，但也不算很坏。那么他出生的家世环境怎么样呢？

哎哟喂，那就真的很不错了！

王阳明是中国历史上著名的琅琊（láng yá）王氏之后，琅琊王氏的名人包括王羲之、王献之、王导等等。

王阳明的父亲也是明朝的高官。只可惜王阳明 13 岁就没了母亲，虽然有个继母，但还不如没有，幸亏还有祖母心疼他、教育他，聪慧的王阳明一天天长大了。

王阳明开始的志向是做一名侠客，持剑闯四方，想想就挺爽的有没有?

但是很快，他对做侠客失去了兴趣，又喜欢上了军事，于是勤练骑射，再练武艺，可惜，还是没坚持多久。年纪轻轻的他就想啊，一介武夫，有什么意思呢?

再然后，他就开始写文章，立志要向李白杜甫苏轼学习，大文豪的世界多浪漫潇洒呀！

好吧，实践证明还是不行！

接着，他又访求佛、道，到道观跟道士聊天，到寺庙找和尚闲扯。反正 17 岁前后那几年，正值青春叛逆期的王阳明几乎把所有能试的全都试过了。

18 岁，接触到程朱理学，他终于坚定了自己的人生目标——做一个圣人。

想成为一个圣人，要怎么做呢？

嗯，听朱熹朱老师的——格物！

怎么格？看，盯着看，一直看！

可是，王阳明看了几天几夜的竹子，愣是啥也没格到！

朱老师你出来，竹子的理在哪儿？

有朋友猜朱老师如果来格竹子，答案可能是这样的：

哎呀你看，竹子是笔直笔直的，竹子上还有一节一节的，所以竹子的理就是：做人要正直，要有气节。

好了，收工，吃饭！

王阳明听到朋友的话，表示：那你怎么能证明你格的理就是竹子本身的理？你格的明明是你的心所想的啊！所以格物是格本物还是格心里的那个物啊？

反正，王阳明不干了！

通过格竹子这件事，王阳明觉得，格物真不是个好办法，怪不得身边那些人天天嘴上挂着程朱理学，行动上却完全就是个凡俗之人——因为他们根本就没有明白朱先生说的那些道理嘛！

不干了！睡觉！

睡起来的王阳明带着疑问走上了科举考试的路，结果中了进士，后来去云南当了个刑部主事，嗯，还干得不错呢！

但是，王阳明经历了格物没格成，报国又无门的迷茫后，心情很郁闷。他想探寻佛、道，但心中又放不下亲人，尤其是他的祖母。

顿悟
孝
我想他一定顿悟了什么。
我明白了，佛老不讲孝，可是人类要延续就得要子子孙孙！
他怎么了？

那一刻，王阳明突然领悟到一点：佛老之说是行不通的！因为佛老都不讲孝，可是如果没有孝，没有家庭之爱的传承与反哺，人类如何延续？所以，还是儒家行得通！

在这次顿悟之后，他彻底抛开了佛老的世界，坚定地走上了儒家的路。

35 岁的时候，因为政治派别之间的争斗，王阳明被贬到了贵州龙场。

也正是在这里，王阳明实现了人生的第二次顿悟。

对，在繁星闪烁的夜空下，寂静无人的山洞里，夜间冰凉的石头上，王阳明第二次顿悟了：原来圣人已处此，更有何道？

啥意思呢？就是“我”一生都想努力做一个圣人，原来圣人就在我自己身上啊！最善的良知本来就在“我”心里（致良知），“我”照着本能去做就行啦（知行合一）！

哎哟，“我”这一天天的，都在瞎跑什么呀？！

王阳明心学的核心点由此产生！

我想他开悟了。
好炫啊！王老师怎么了？

开悟后的王阳明在当地收徒教学。就算后来他去京城做官，也还是在京城继续讲心学。

55 岁那一年，王阳明最终总结出了心学的核心要点。

身体状况越来越差的王阳明随后又奉命打过几次仗，后来实在是顶不住吃不消了，他写了辞官申请，还没等朝廷令下，就坐船回家了。

可惜，路上就去世了。

他死前最后一句话是：此心光明，夫复何言？

【王阳明心学】

现在来说王阳明的心学。

打哪儿说起呢?

还得从程颢、程颐兄弟俩分头行事的那个点说起。

上一页图中，左边的路上，站着弟弟程颐和继承他思想的朱熹，他们认为现世之中包含着两个世界，一个是抽象的形而上的“理”的世界，一个是具体的形而下的动物、植物、人的世界。

而右边的路上，站着哥哥程颢和继承他衣钵（bō）的陆九渊、王阳明，他们认为人就是宇宙，宇宙就在人的心中，现实只包含心的世界。——对，只有这一个整体。

程颢开心学之先河，奠定了陆王心学的基础。陆九渊承继了程颢的思想，而王阳明最终完成了心学这一脉，成为心学的集大成者。

王阳明心学的核心思想有三：心即是理、知行合一、致良知。

一、心即是理。

王阳明提出，心即是理，心外无物，心外无理。理不在天地，不在万物，更不在鬼神，而在于每个人的内心深处。一切都是你的心在主导、在判断、在感受。要想成为圣人，不断地去求索自己的内心就可以了。有什么样的心，就有什么样的理。

用这样纯乎天理的心来侍奉父母便是孝，辅佐君王便是忠。

你的心只有有了某种判断，才会做出某种行为。如果你的心没有那种感受，你就不会有那种行为。比如说，如果你有孝亲之心，就有孝之理；无孝亲之心，就无孝之理。如果你有忠君之心，就有忠之理；相反，则无。也即是说，你的心怎么想，就会得到什么样的理。有了这个理，就会决定你下一步的行动。

所以，心就是理。

二、致良知。

什么是良知。

它就好比是人内心的那道亮光。

什么是致良知?

就是顺着内心的那束光去生活、去实践。

可是问题来了，如果遮蔽阳光的乌云太多怎么办?那就要“格物”(王阳明也讲格物,不过这个格物与朱熹说的不同)。

王阳明说:“无善无恶心之体，有善有恶意之动。知善知恶是良知，为善去恶是格物。”

啥意思呢?

意思是说，人心本来是无善无恶的，因为意念转动(七情六欲)才有了善恶之分。人的良知本来就懂得判断善恶，而人要做的就是依着自己的本心好好行善，去掉恶念——这就是心学中的格物。

三、知行合一。

王阳明特别强调知行合一。

知就是良知、道理，行就是行动。仅仅认识事物的道理是不够的，还要在现实中去实践它。知行合一，才是一套完整的动作。

其实啊，知和行虽然是两个字，说的其实是一件事，但这件事要说清楚，还得用两个字。明白了吧？知和行是密不可分的，知中有行，行中有知，知了应该马上行——没有行的知不能算是真的知；行的过程中还可以继续提升知——没有知的行是没有理论依据的蛮干。

哎呀，心学是不是很复杂？

嗯，咱们硬着头皮闯了半天，也可能只是撞到了门槛上。但没关系，被门槛磕到的肿块就像是一粒种子，一粒想要了解心学的种子。种下这粒种子，待来年，和大哲小哲一起，等待花开也好啊！

【宋明理学小结】

第一，宋明理学有三大流派，分别是气本论、理本论和心本论，张载是气本论，程颐和朱熹是理本论，程颢和王阳明则是心本论。

这些不同的思想流派从各个维度对儒家做了深度的发展。但他们既是发展，也是相互融合。他们共称为“新儒家”，以区别于孔孟的古典儒家。

这种深度发展，跳脱出儒家本来的人世视野，用一种与天地等量齐观的眼界，从无极处生出一双慧眼，再回头来看这人世的幽微。

第二，一路走来，从战国末期的阴阳家入儒到汉朝董仲舒的回顾梳理，从唐朝的韩愈、李翱以佛道入儒到宋明这一批高人跳脱出现世的维度，以气、以理、以心入儒，儒家的思想一直在发展，向深也向宽。

可以说，儒家思想的体系一直是跟着大时代的变迁而演进的，像水一直在流动，最后海纳百川，有容乃大。

时间如同白驹(jū)过隙，我们竟已爬完了三座哲学大山！

必须给所有一起奔跑的小朋友大朋友点个赞！

下一站，你们准备好了吗?

后　记

最想说的话就是：大哲小哲你们辛苦啦！跟随着大哲小哲这一路的小朋友大朋友们，你们也辛苦啦！

古往今来，人间天上，当我们探身到历史的长河里，才知道原来曾有那么多的人，他们一个个出现，像火炬手一样，绵绵不断地传递着照耀世界的火种。他们出身不同、视角不同、脾性不同，但勤于思考的心相同，为了人类幸福的愿望相同，追求更好未来的心意相同。

我们跟随着大哲小哲的脚步，和他们一起聊天、一起发呆、一起思考，这一路走来，或许心情变沉重了，但眼睛却变亮了。如果把心比作一盏灯，这一路的收获就是丰富的灯油，这灯油点亮的光就是你眼中智慧之光！

但愿这智慧之光，好好地照亮你长长的人生！

魏雁

老子说：“天地不仁，以万物为刍狗。”作为刍狗，我却被赋予了观看蓝天白云的权利。人生没有意义，因为“意义”二字本是人造的。但是如果换一种方式想，既然人类能造出“意义”，那么其内容物本该为人类所特有。意义是人创的，但不该因为意识到这点就垂头丧气——虽然甚至不如一片树叶那般真实，但意义毕竟可以依靠。我终究无法像只绵羊一样仅靠本能活着——那样想必很快乐。但是明知得不到快乐，也要快乐。木心先生曾说这是悲观主义，我却奉以为人生中一半的真谛。

特约编辑　牧羊人